SELECCIÓN DE ANALECTAS
DE CONFUCIO
CHINO-ESPAÑOL

论语精选

汉语－西班牙语对照

U0745306

主　编：陈　虎
Redactor jefe: Hu Chen

翻　译：杨云嵋
Traductor: Yunmei Yang

孙晓彤
Xiaotong Sun

訾月琳
Yuelin Zi

审　校：宋嘉靖
Corrección de traducción: Jiajing Song

山东教育出版社　·济南·
Editorial de Educación de Shandong　·Jinan·

图书在版编目（CIP）数据

论语精选：汉语、西班牙语对照 / 陈虎主编.
济南：山东教育出版社，2024.9. -- ISBN 978-7-5701-
3249-2

Ⅰ. B222.21

中国国家版本馆 CIP 数据核字第 2024WT5860 号

责任编辑：岳思聪
责任校对：舒　心
整体设计：闫　姝　吴江楠

LUNYU JINGXUAN: HANYU–XIBANYAYU DUIZHAO

论语精选：汉语 – 西班牙语对照

主管单位：山东出版传媒股份有限公司
出版发行：山东教育出版社
地　　址：济南市市中区二环南路 2066 号 4 区 1 号　　邮编：250003
电　　话：0531–82092660　　网址：www.sjs.com.cn
印　　刷：山东华立印务有限公司
开本规格：889 mm × 1194 mm　1/32
印　　张：6
字　　数：85 千
版　　次：2024 年 9 月第 1 版
印　　次：2024 年 9 月第 1 次印刷
定　　价：68.00 元
（如印装质量有问题，请与印刷厂联系调换）
电　　话：0531–76216033

目录 :
Índice

一｜

子曰："学而时习之，不亦说乎？有朋自远方来，不亦乐乎？人不知而不愠，不亦君子乎？"

二｜

子曰："君子食无求饱，居无求安，敏于事而慎于言，就有道而正焉，可谓好学也已。"

1

El Maestro dijo: "¿No es un placer aprender algo y después ponerlo en práctica de vez en cuando? ¿No es motivo de alegría recibir a amigos que vienen de lejos? ¿No es un Caballero aquél que no guarda rencor cuando los demás lo ignoran?"

2

El Maestro dijo: "Un Caballero no pretende hartarse cuando come; ni exige comodidad cuando se aloja; es diligente en lo que hace y cuidadoso en lo que dice; se aproxima a los virtuosos para mejorar su comportamiento. En verdad se puede decir de él que desea aprender."

三 |

子曰:"吾十有五而志于学, 三十而立, 四十而不惑, 五十而知天命, 六十而耳顺, 七十而从心所欲, 不逾矩。"

子曰:"温故而知新, 可以为师矣。"

子曰:"学而不思则罔, 思而不学则殆。"

3

El Maestro dijo: "A los quince años tuve la voluntad de aprender durante toda la vida. A los treinta me consolidé. A los cuarenta, ya no me acosaba la incertidumbre. A los cincuenta, adquirí consciencia del Mandato del Cielo. A los sesenta, llegué a poder escuchar con tranquilidad diferentes opiniones. A mis setenta, puedo ya seguir todos los deseos de mi voluntad sin infringir ninguna norma."

El Maestro dijo: "Aquél que cuando repasa los conocimientos adquiridos de vez en cuando, aprende algo nuevo de ello, puede llegar a ser un Maestro."

El Maestro dijo: "Quien sólo lee y estudia y no piensa la realidad puede perder el rumbo. Quien solo reflexiona y no estudia se le agotan las ideas."

四丨

子曰："不愤不启，不悱不发。举一隅不以三隅反，则不复也。"

子曰："我非生而知之者，好古，敏以求之者也。"

子曰："三人行，必有我师焉，择其善者而从之，其不善者而改之。"

4

El Maestro dijo: "No llegues a ilustrar a los discípulos hasta el punto en que éstos no puedan obtener la solución después de todo esfuerzo, ni les inspires hasta que no puedan explicar lo que piensan. Si les has enseñado el éste y ellos no puede deducir las otras tres direcciones, no les enseñes más."

El Maestro dijo: "No nací erudito. Me gustan las cosas de la antigüedad y las he aprendido con diligencia."

El Maestro dijo: "Si andamos tres juntos, seguro que hay alguien que puede enseñarme algo. Aprendo sus buenas virtudes e intento evitar sus defectos."

五

子曰："学如不及，犹恐失之。"

六

子曰："古之学者为己，今之学者为人。"

5

El Maestro dijo: "Aprender es como perseguir lo inalcanzable, temiendo perder lo logrado."

6

El Maestro dijo: "En la Antigüedad la gente estudiaba para perfeccionarse a sí misma, pero ahora lo hacen para causar admiración en los demás."

七

子曰："吾尝终日不食，终夜不寝，以思，无益，不如学也。"

八

孔子曰："生而知之者上也，学而知之者次也。困而学之，又其次也。困而不学，民斯为下矣。"

7

El Maestro dijo: "Una vez intenté meditar todo el día sin comer ni dormir, pero no sirvió para nada. Es preferible estudiar."

8

El Maestro dijo: "Los que nacen con dones naturales son de categoría superior. Después vienen los que han ganado talentos estudiando. Luego están los que aprenden cuando se encuentran con problemas. Por último, en la ínfima categoría está la gente que no aprende ni siquiera en apuros."

九

子曰："小子何莫学夫诗？诗，可以兴，可以观，可以群，可以怨。迩之事父，远之事君，多识于鸟兽草木之名。"

十

子夏曰："日知其所亡，月无忘其所能，可谓好学也已矣。"

9

El Maestro dijo: "Alumnos míos, ¿por qué ninguno de vosotros estudia *El Libro de Las Odas*? La poesía os dará imaginación, perspicacia, sociabilidad y disconformidad. En la vida cotidiana puede ayudaros a servir a vuestros padres, y en el futuro, os enseñará cómo servir a los soberanos. Además en los poemas podéis aprender muchos nombres de aves, cuadrúpedos, arbustos y árboles."

10

Zixia dijo: "Son diligentes los que cada día aprenden lo que no sabían y cada mes repasan lo aprendido."

第二章

仁

一

子曰:"巧言令色,鲜矣仁!"

二

子曰:"我未见好仁者,恶不仁者。好仁者,无以尚之;恶不仁者,其为仁矣,不使不仁者加乎其身。有能一日用其力于仁矣乎? 我未见力不足者。盖有之矣,我未之见也。"

1

El Maestro dijo: "Palabras hábiles y apariencia hipócrita rara vez son indicios de humanidad."

2

El Maestro dijo: "Nunca he conocido a nadie que realmente ame la humanidad y aborrezca lo inhumano. No hay nada mejor que el hombre que estima la humanidad. Quien aborrece lo inhumano, practica la humanidad y no permite que le contagien de malicia. ¿Hay alguien que alguna vez haya sido capaz de dedicar su fuerza a la humanidad a lo largo de todo un día? No he visto a nadie a quien le haya faltado fuerza. Quizás tal hombre exista, pero yo no lo he visto."

三|

子贡曰："如有博施于民而能济众，何如？可谓仁乎？"子曰："何事于仁，必也圣乎！尧、舜其犹病诸。夫仁者，己欲立而立人，己欲达而达人。能近取譬，可谓仁之方也已。"

3

Zigong preguntó: "Si alguien ha traído muchos beneficios al pueblo y le ha ayudado a vivir feliz, ¿puede ser considerado que posee humanidad?" El Maestro contestó: "¡No sólo es humano, es un santo! Ni siquiera Yan y Shun pudieron llegar a tanta perfección. El hombre humano se forma y forma a los demás; por lo tanto, la mejor forma de obtener la humanidad es empezar a seguir los ejemplos más cercanos."

四 |

曾子曰:"士不可以不弘毅,任重而道远。仁以为己任,不亦重乎?死而后已,不亦远乎?"

4

El Maestro Zeng dijo: "Un letrado debe tener una gran amplitud de mente y ser firme, es que la responsabilidad es pesada y el camino es largo. ¿Acaso no es una pesada carga el tomar la benevolencia como una responsabilidad propia? ¿No supone un largo camino el permanecer luchando hasta la muerte?"

五｜

颜渊问仁。子曰："克己复礼为仁。一日克己复礼，天下归仁焉。为仁由己，而由人乎哉？"

颜渊曰："请问其目。"子曰："非礼勿视，非礼勿听，非礼勿言，非礼勿动。"

颜渊曰："回虽不敏，请事斯语矣。"

5

Yan Yuan preguntó acerca de la bene-volencia. El Maestro repondió: "Hay que controlarse uno a sí mismo y regirse por los ritos es benevolencia. Una vez hecho esto, todo el mundo verá la benevolencia. La decisión de ser benevolente, depende totalmente de uno mismo, ¿acaso puede depender de los demás?"

Yan Yuan dijo: "¿Podría pedirle alguna pauta a seguir?" El Maestro respondió: "No mires nada que no sea un ritual, no escuches nada que no sea un ritual, no digas nada que no sea un ritual, ni hagas nada que no sea un ritual."

Yan Yuan dijo: "Pese a mi falta de perspicacia, llevaré a cabo todo lo que me habéis dicho."

仲弓问仁。子曰："出门如见大宾，使民如承大祭。己所不欲，勿施于人。在邦无怨，在家无怨。"

仲弓曰："雍虽不敏，请事斯语矣。"

Zhong Gong preguntó en qué consistía la benevolencia. El Maestro dijo: "Cuando salgas de casa, compórtate como si fueras a ver a un huésped dignatario. Reparte con discreción el trabajo entre el pueblo común como si se tratara de celebrar una gran ceremonia. No impongas a los demás lo que no quieras que te obliguen a tí. Que no haya queja alguna ni en los asuntos públicos, ni en los asuntos familiares."

Zhong Gong dijo: "Aunque no soy nada perspicaz, trataré de hacer lo que decís."

六|

樊迟问仁。子曰："爱人。"问知。子曰："知人。"

樊迟未达。子曰："举直错诸枉，能使枉者直。"

樊迟退，见子夏曰："乡也吾见于夫子而问知，子曰：'举直错诸枉，能使枉者直。'何谓也?"

6

Fan Chi preguntó acerca de la benevolencia y el Maestro le dijo: "Amar al hombre." Fan Chi prosiguió y le preguntó sobre la sabiduría, el Maestro le respondió: "Saber valorar a los hombres."

Fan Chi no comprendió. El Maestro añadió: "Hay que promover a los honrados, colocándolos por encima de los defectuosos, así éstos se enderezarán."

Fan Chi se retiró, y al ver a Zixia le dijo: "Hace un momento tuve una conversación con el Maestro, le pregunté qué es la sabiduría y me contestó: 'Hay que promover a los honrados, colocándolos por encima de los defectuosos, así éstos se enderezarán.' ¿Qué significa esto?"

子夏曰："富哉言乎！舜有天下，选于众，举皋陶，不仁者远矣。汤有天下，选于众，举伊尹，不仁者远矣。"

Zixia respondió: "¡Qué riqueza en sus palabras! Cuando Shun gobernaba bajo el Cielo, escogió a Gao Yao entre la multitud. Entonces, la inhumanidad se alejó. Cuando Tang gobernaba bajo el Cielo, promovió a Yi Yin entre la multitud. Entonces, tuvieron que alejarse los malvados."

七

樊迟问仁。子曰："居处恭，执事敬，与人忠。虽之夷狄，不可弃也。"

子曰："刚、毅、木、讷近仁。"

八

子曰："志士仁人，无求生以害仁，有杀身以成仁。"

7

Fan Chi preguntó en qué consistía la benevolencia. El Maestro le dijo: "Sé digno y decoroso en la vida privada, serio en el trabajo y sé leal con los demás. Éstas son virtudes que no se abandonan aunque te encuentres en tierras de bárbaros."

El Maestro dijo: "La firmeza, la determinación, la simplicidad y la circunspección se aproximan a la benevolencia."

8

El Maestro dijo: "El hombre virtuoso y de firme voluntad no cederá a la benevolencia para sobrevivir, en cambio, se sacrificará para perfeccionar la virtud."

九

子张问仁于孔子。孔子曰："能行五者于天下，为仁矣。"

"请问之。"曰："恭，宽，信，敏，惠。恭则不侮，宽则得众，信则人任焉，敏则有功，惠则足以使人。"

十

子夏曰："博学而笃志，切问而近思，仁在其中矣。"

9

Zizhang preguntó a Confucio sobre la benevolencia. Confucio le dijo: "Si actúas según cinco criterios en el Mundo, se te considerará benevolente."

"¿Cuáles son?" El Maestro contestó: "Cortesía, generosidad, honestidad, diligencia y afabilidad. Si eres cortés no recibirás humillación, si eres generoso tendrás el apoyo de todos, si eres honesto te ofrecerán trabajo, si eres diligente trabajarás con eficiencia y si eres afable podrás mandar a la gente."

10

Zixia dijo: "La virtud consiste en el estudio amplio, en el mantenimiento invariable de la voluntad, en preguntar sinceramente y en la reflexión sobre las dudas actuales."

一

有子曰："礼之用，和为贵。先王之道，斯为美；小大由之。有所不行，知和而和，不以礼节之，亦不可行也。"

二

子张问："十世可知也？"子曰："殷因于夏礼，所损益，可知也；周因于殷礼，所损益，可知也。其或继周者，虽百世，可知也。"

1

El maestro You dijo: "En la práctica de los ritos, principal es la armonía. En ello consiste justamente el acierto de los antiguos reyes, que la procuraban tanto en asuntos grandes como pequeños. Sin embargo, hay algo que debe evitarse: si en alguna ocasión no se pueden aplicar los ritos, no se debe pretender implantar la armoñía como tal sin su control."

2

Zizhang preguntó: "¿Se puede prever cómo serán los ritos dentro de diez generaciones?" El Maestro contestó: "La dinastía Yin heredó los ritos de la dinastía Xia, lo que suprimieron y lo que añadieron se puede saber. La dinastía Zhou heredó los ritos de la dinastía Yin, lo que suprimieron y lo que añadieron también se puede saber. Así que los cambios que hagan las generaciones que sucedan a los Zhou, aunque sean cientos, podrán saberse."

三 |

林放问礼之本。子曰:"大哉问! 礼,与其奢也,宁俭;丧,与其易也,宁戚。"

子夏问曰:"'巧笑倩兮,美目盼兮,素以为绚兮。'何谓也?"子曰:"绘事后素。"

曰:"礼后乎?"子曰:"起予者商也!始可与言《诗》已矣。"

3

Lin Fang preguntó cuáles eran los principios fundamentales de los ritos. El Maestro contestó: "¡Gran pregunta! Para los ritos es preferible la parsimonia al fausto; en los funerales es preferible una profunda aflicción y no los detalles convencionales."

Zixia preguntó: "¿Qué significan estos versos? '¡Cautivadora risa de tiernos hoyuelos! ¡Hermosos ojos de mirada deslumbrante! ¡Las flores en el blanco lienzo de seda!'" El Maestro contestó: "La pintura va después del lienzo de seda."

Zixia comentó: "Entonces, ¿los ritos van después de la humanidad?" El Maestro respondió: "¡Me has dado una inspiración! ¡Ya puedo comentar contigo *El Libro de Las Odas*!"

子曰："夏礼，吾能言之，杞不足征也；殷礼，吾能言之，宋不足征也。文献不足故也。足，则吾能征之矣。"

El Maestro dijo: "Puedo hablar de los ritos de la dinastía Xia, pero de los herederos del Reino Qi no se han conservado suficientes testimonios. Puedo hablar de los ritos de la dinastía Yin, pero sus descendientes del reino Song ya no son dignos de ser ilustrados. Eso se debe a la carencia de documentos históricos y de hombres sabios; de otro modo, podría obtener pruebas para hablar con propiedad."

四 |

定公问："君使臣，臣事君，如之何？"孔子对曰："君使臣以礼，臣事君以忠。"

五 |

子曰："能以礼让为国乎？何有？不能以礼让为国，如礼何？"

六 |

子曰："恭而无礼则劳，慎而无礼则葸，勇而无礼则乱，直而无礼则绞。君子笃于亲，则民兴于仁；故旧不遗，则民不偷。"

4

El duque Ding preguntó: "¿Cómo debía el soberano tratar a sus ministros? Y ¿cómo éstos debían servir a su señor?" Confucio contestó: "Un soberano debe tratar a sus ministros según los ritos y éstos deben servirle con lealtad."

5

El Maestro dijo: "¿Se puede gobernar un país con ritos y deferencia? ¿Qué dificultades hay? Si no se pudiera, ¿para qué servirían los ritos?"

6

El Maestro dijo: "Sin los ritos, la deferencia se convierte en algo exhausto; la prudencia, en algo pusilánime; la valentía, en algo temerario; y la franqueza, en algo impertinente. Cuando los gobernantes sean generosos con sus propios familiares, el pueblo alentará la humanidad. Si no abandonan las viejas amistades, el pueblo no los tratará indiferente."

七|

子曰："麻冕，礼也；今也纯，俭，吾从众。拜下，礼也；今拜乎上，泰也。虽违众，吾从下。"

八|

子曰："博学于文，约之以礼，亦可以弗畔矣夫！"

7

El Maestro dijo: "Según el ritual, el sombrero para la ceremonia debe estar hecho de lino. Hoy en día, se hace de seda porque es más barato. En este aspecto, sigo la corriente. Según el ritual, para ir a la audiencia del soberano, hay que hacer una primera reverencia de rodillas antes de subir a la sala, y después de subirla, otra en la sala de audiencia. Hoy en día, solo se hace una vez arriba, lo cual es arrogancia. Aunque vaya en contra de la costumbre general, seguiré haciéndola abajo."

8

El Maestro dijo: "Un Caballero amplia el aprendizaje con la ilustración y se ciñe estrictamente a los rituales, ¡así no se descarrila de la Virtud!"

九一

孔子曰："天下有道，则礼乐征伐自天子出；天下无道，则礼乐征伐自诸侯出。自诸侯出，盖十世希不失矣；自大夫出，五世希不失矣；陪臣执国命，三世希不失矣。天下有道，则政不在大夫。天下有道，则庶人不议。"

9

El Maestro dijo: "Cuando el soberano gobierna el Mundo con Virtud, todas las políticas y las expediciones militares proceden del Hijo del Cielo. Cuando el gobierno está desordenado, los príncipes dominan el poder estatal, entonces el poder rara vez dura más de diez generaciones. Si los ministros manipulan el estado, su dominio durará como mucho cinco generaciones. Si los que mandan son oficiales de menos categoría, por lo general su dominio no superará más de tres generaciones. Cuando el soberano gobierna el Mundo con Normas Virtuosas, el Mundo no será controlado por los ministros, y el pueblo no cuestionará la política."

十一

孔子曰："不知命，无以为君子也；不知礼，无以立也；不知言，无以知人也。"

10

El Maestro dijo: "Los que no conocen el mandato del Cielo no pueden ser Caballeros. Los que no conocen la cortesía no pueden afianzarse en la sociedad. Los que desconocen el significado real de las palabras de los demás no pueden comprenderlas."

一|

子曰："由！诲女知之乎！知之为知之，不知为不知，是知也。"

二|

子曰："里仁为美。择不处仁，焉得知？"

子曰："不仁者不可以久处约，不可以长处乐。仁者安仁，知者利仁。"

1

El Maestro dijo: "You, te enseñaré algo sobre el conocimiento verdadero: saber es saber; cuando haya algo que no sepas, reconoce que no lo sabes. Éste es el conocimiento verdadero."

2

El Maestro dijo: "Es bello vivir en la humanidad. ¿Cómo podemos considerar inteligente no buscar ese ambiente cuando se elige una residencia?"

El Maestro dijo: "Quien carece de humanidad no será capaz de soportar durante mucho tiempo la pobreza ni la felicidad. El hombre virtuoso disfruta de su humanidad y el hombre sabio la aprovecha."

三|

子曰："臧文仲居蔡，山节藻梲，何如其知也？"

子曰："宁武子，邦有道，则知；邦无道，则愚。其知可及也，其愚不可及也。"

3

El Maestro dijo: "Zang Wenzhong criaba una gran tortuga llamada Cai en un palacete, con columnas ornamentadas con capiteles en forma de montañas. ¿Cómo puede uno demostrarse así su sabiduría?"

El Maestro dijo: "El señor Ning Wu fue muy sabio mientras su país se encontraba en la buena Vía, pero en cuanto el país empezó a desviarse, fingió ser un necio. Su sabiduría podía alcanzarse, pero no así su necedad."

四丨

樊迟问知。子曰:"务民之义,敬鬼神而远之,可谓知矣。"问仁。曰:"仁者先难而后获,可谓仁矣。"

子曰:"知者乐水,仁者乐山。知者动,仁者静。知者乐,仁者寿。"

4

Fan Chi preguntó sobre la sabiduría. El Maestro dijo: "Dedicarse a la justicia del pueblo; respetar a los espíritus y fantasmas manteniéndolos lejos. Ello puede ser considerado como sabiduría." Preguntó acerca de la humanidad. El Maestro contestó: "Ofrecer algo primero para obtener después la ganancia puede llamarse humanidad."

El Maestro dijo: "Los sabios se complacen con el agua y los humanos con la montaña. Los sabios son activos y los humanos, tranquilos. Los sabios son alegres y los humanos, longevos."

五 |

子曰："吾有知乎哉？无知也。有鄙夫问于我，空空如也。我叩其两端而竭焉。"

子曰："知者不惑，仁者不忧，勇者不惧。"

5

El Maestro dijo: "¿Tengo muchos conocimientos? No es cierto. Una vez un campesino me hizo una pregunta, pero no se me ocurría ninguna respuesta por desconocimiento. Examiné de cabo a rabo en qué consistía su pregunta, mediante lo cual obtuve información y le contesté lo que pude."

El Maestro dijo: "Los sabios están libres de incertidumbre, los benevolentes carecen de desasosiego, y los valientes no tienen miedo."

六

子曰："君子道者三，我无能焉：仁者不忧，知者不惑，勇者不惧。"子贡曰："夫子自道也。"

七

子路问成人。子曰："若臧武仲之知，公绰之不欲，卞庄子之勇，冉求之艺，文之以礼乐，亦可以为成人矣。"

6

El Maestro dijo: "La virtud del Caballero tiene tres objetivos, que soy incapaz de practicarlos: ser benevolente y liberarse de la ansiedad; ser sabio y liberarse de la incertidumbre; ser valiente y liberarse del temor." Zigong dijo: "El Maestro se ha descrito a sí mismo."

7

Zilu preguntó cómo definiría a un "hombre perfecto". El Maestro dijo: "Con la sabiduría de Zang Wuzhong, la templanza de Meng Gongchuo, la valentía de Zhuangzi de Bian y la habilidad de Ran Qiu; y si además es ilustrado con los ritos y la música, puede un hombre considerarse perfecto."

八|

子曰："可与言而不与之言，失人；不可与言而与之言，失言。知者不失人，亦不失言。"

子曰："知及之，仁不能守之；虽得之，必失之。知及之，仁能守之，不庄以莅之，则民不敬。知及之，仁能守之，庄以莅之，动之不以礼，未善也。"

8

El maestro dijo: "Si pierdes la oportunidad de conversar con personas cualificadas, las desaprovecharás; si te cuesta tiempo tratar con personas incapaces, malgastarás tus palabras. El sabio ni desaprovehca a los hombres cualificados ni malgasta sus palabras."

El Maestro dijo: "El gobernante puede conseguir el poder estatal con sabiduría, pero lo perderá si no sabe mantenerlo con la virtud. El pueblo no trabajará atentamente si no se gobierna con diligencia. Si el gobernante ha conseguido el poder con sabiduría, lo ha conservado con virtud y ha gobernado al pueblo con diligencia, se llegará a la excelencia con movilizar al pueblo razonablemente."

子曰："君子不可小知，而可大受也；小人不可大受，而可小知也。"

El Maestro dijo: "A un Caballero no podemos probarle mediante pequeñas tareas, pero sí podemos encargarle grandes responsabilidades. A un hombre vulgar no le podemos confiar grandes asuntos, pero sí podemos comprobar su habilidad en las cosas insignificantes."

九|

阳货欲见孔子，孔子不见，归孔子豚。

孔子时其亡也，而往拜之。

遇诸涂。

谓孔子曰："来！予与尔言。"曰："怀其宝而迷其邦，可谓仁乎？"曰："不可。好从事而亟失时，可谓知乎？"曰："不可。日月逝矣，岁不我与。"

孔子曰："诺。吾将仕矣。"

9

Yang Huo, el cortesano de Ji Sun, deseaba que Confucio lo visitara, pero éste no quería hacerlo. Entonces, Yang Huo le regaló un cochinillo cocido y esperó a que Confucio viniera a agradecerlo.

Confucio escogió un momento en que Yang Huo no estaba en casa para cumplir con el agradecimiento.

Pero se lo encontró por el camino.

Éste le dijo a Confucio: "Venid, tengo que hablaros. Si alguien guarda sus talentos mientras el país está desorientado, ¿puede decirse que éste tiene benevolencia?" Al ver que Confucio seguía callado, continuó: "Claro que no. Si alguien desea ocupar un cargo público pero desprecia las oportunidades, ¿es un sabio digno? No. El tiempo transcurre y nunca volverá."

El Maestro dijo: "Bien, voy a aceptar un cargo."

十一

陈子禽谓子贡曰:"子为恭也,仲尼
岂贤于子乎?"

子贡曰:"君子一言以为知,一言以
为不知,言不可不慎也。夫子之不可及
也,犹天之不可阶而升也。夫子之得邦
家者,所谓立之斯立,道之斯行,绥之斯
来,动之斯和。其生也荣,其死也哀,如
之何其可及也?"

10

Chen Ziqin preguntó a Zigong: "¿Acaso Confucio tenía más capacidades que tú? ¿O lo aseguras solo por modestia?"

Zigong dijo: "Podemos determinar si un hombre superior es sabio o ignorante por una sola frase que diga, por eso, debemos ser prudentes con lo que decimos. Confucio es inalcanzable como el cielo, al que nadie puede llegar con una escalera. Si hubiera sido un duque o un ministro, se habría podido estimular al pueblo, guiarlo, ofrecerle la paz y movilizarlo para que éste se pusiera en pie, avanzara hacia adelante, acudiera gente a él de todas partes y mejorara el país con una sola voluntad. Ha logrado gloria cuando vivía y nos ha causado gran dolor al morir. ¿Cómo podríamos alcanzar a un hombre tan sabio?"

一

曾子曰："吾日三省吾身：为人谋而不
忠乎？与朋友交而不信乎？传不习乎？"

子曰："道千乘之国，敬事而信，节用
而爱人，使民以时。"

1

El maestro Zeng dijo: "Cada día reflexiono tres veces: en mi servicio a los demás, ¿les he sido desleal? En mi relación con los amigos, ¿les he fallado? ¿He practicado las enseñanzas que me han transmitido?"

El Maestro dijo: "Para gobernar un Estado de mil carros de guerra, es preciso trabajar en serio, ser sobrio y amar al prójimo; y que el pueblo sólo realice las labores en los tiempos apropiados del año."

二|

子曰："弟子，入则孝，出则弟，谨而信，泛爱众，而亲仁。行有余力，则以学文。"

三|

有子曰："信近于义，言可复也。恭近于礼，远耻辱也。因不失其亲，亦可宗也。"

四|

子曰："人而无信，不知其可也。大车无輗，小车无軏，其何以行之哉？"

2

El Maestro dijo: "Un joven ha de practicar la piedad filial en casa y respetar a los mayores cuando esté fuera. Debe ser discreto, sincero y afectuoso con todos, y debe practicar la humanidad. Si después de cumplirlo aún le quedan fuerzas, puede dedicarse al estudio de las letras."

3

El maestro You dijo: "Si las promesas se ajustan a lo correcto, se podrán cumplir las palabras. Cuando la deferencia se atiende a los ritos, se está a salvo de la humillación. Si hay amparo en las personas de confianza, se podrá considerarlas como mentores."

4

El Maestro dijo: "No puede ser que un hombre no tenga palabra o falte a su palabra. ¿Avanzaría acaso un carruaje sin yunta o una carreta sin aparejo?"

五 |

颜渊季路侍。子曰："盍各言尔志?"

子路曰："愿车马衣轻裘，与朋友共，敝之而无憾。"

颜渊曰："愿无伐善，无施劳。"

子路曰："愿闻子之志。"

子曰："老者安之，朋友信之，少者怀之。"

六 |

子曰："主忠信，无友不如己者，过则勿惮改。"

5

Yan Yuan y Zilu asistían al Maestro, éste dijo: "¿Por qué no me decís cuáles son vuestras aspiraciones?"

Zilu dijo: "Me gustaría compartir los carros, caballos y vestidos con mis amigos sin quejarme aunque los estropearán."

Yan Yuan dijo: "Me gustaría no ostentar nunca mis cualidades, ni jactarme de mis esfuerzos."

Zilu siguió diciendo: "Desearía conocer cuál es la aspiración de usted."

El Maestro dijo: "Quisiera dar bienestar a los ancianos, inspirar confianza a mis amigos y ser un buen recuerdo a los jóvenes."

6

El Maestro dijo: "Ten por principio la lealtad y la fidelidad. No cultives la amistad con aquellos de menos valía. Y si tienes culpas, no temas rectificar."

七|

子贡问曰："何如斯可谓之士矣？"子曰："行己有耻，使于四方，不辱君命，可谓士矣。"

曰："敢问其次。"曰："宗族称孝焉，乡党称弟焉。"

曰："敢问其次。"曰："言必信，行必果，硁硁然小人哉！抑亦可以为次矣。"

7

Zigong preguntó: "¿Qué hay que hacer para merecer ser nombrado Caballero Verdadero?" El Maestro respondió: "Puede considerarse como tal quien actúa con sentido del honor y quien nunca falla en el cumplimiento del mandato del soberano cuando es enviado a una misión a los cuatro confines."

"¿Puedo preguntar cómo es el Caballero de una categoría inferior?" "Puede considerarse como tal quien sea alabado en su clan por su piedad filial y elogiado en su pueblo por su fraternidad."

"¿Puedo preguntar cómo es el Caballero de una categoría todavía más inferior?" "Sus palabras siempre han de ser fidedignas, y sus actos, fructíferos. Puede que esa sea la obstinación de un villano, no obstante, podríamos considerarlos como Caballeros de categoría inferior."

八 |

子张问崇德辨惑。子曰:"主忠信,徙义,崇德也。爱之欲其生,恶之欲其死。既欲其生,又欲其死,是惑也。'诚不以富,亦只以异。'"

九 |

子张问行。子曰:"言忠信,行笃敬,虽蛮貊之邦行矣。言不忠信,行不笃敬,虽州里行乎哉? 立则见其参于前也,在舆则见其倚于衡也,夫然后行。"

8

Zizhang preguntó cómo se pueden realzar las virtudes y discernir el ofuscamiento. El Maestro dijo: "Si se tiene por principio la lealtad y la honestidad, se orientará hacia la justicia y se podrá enaltecer las virtudes. Cuando amamos a alguien, deseamos que perdure su vida, cuando lo odiamos, deseamos que muera. Desear su longevidad y la muerte al mismo tiempo es ofuscación. 'La ofuscación no es lo que da beneficio a uno mismo, sino lo que causa sensaciones extrañas [se dice en las *Odas*].'"

9

Zizhang preguntó cómo debía comportarse para ser aceptado en diferentes partes. El maestro contestó: "Con palabras leales y sinceras, actuaciones consecuentes y respetuosas podrás ser aceptado incluso en el extranjero. Si no, podrás ser rechazado incluso en tu pueblo natal. Toma esto como máximas, así que podrás ser aceptado por todos."

十一

　　子夏曰:"君子信而后劳其民;未信,则以为厉己也。信而后谏;未信,则以为谤己也。"

10

Zixia dijo: "El Caballero manda a la gente solo después de ganar su confianza; en caso contrario, ésta pensará que está siendo oprimida. Pasa lo mismo cuando el Caballero aconseja al soberano; si éste no le tiene confianza, puede sentirse calumniado."

一

子曰："父在，观其志；父没，观其行；三年无改于父之道，可谓孝矣。"

二

有子曰："其为人也孝弟，而好犯上者，鲜矣；不好犯上，而好作乱者，未之有也。君子务本，本立而道生。孝弟也者，其为仁之本与！"

1

El Maestro dijo: "Mientras viva el padre, hay que observar sus aspiraciones. Pero cuando fallezca el padre, fíjate en su conducta. Si en tres años no se aparta de la vía paterna, se puede considerar que ha aplicado la piedad filial."

2

El maestro You dijo: "Son pocos los que respetan a sus padres y a sus hermanos, y que al mismo tiempo están dispuestos a ofender a sus superiores. Los que no ofenden a sus superiores, nunca van a rebelarse. El Caballero trabaja en lo fundamental y una vez establecido lo fundamental, nace naturalmente el camino. Venerar a sus padres y a sus hermanos mayores constituye la base fundamental de la humanidad."

三丨

或谓孔子曰："子奚不为政？"子曰："《书》云：'孝乎惟孝，友于兄弟，施于有政。'是亦为政，奚其为为政？"

3

Alguien preguntó a Confucio: "Maestro, ¿por qué no sirves en el gobierno?" El Maestro contestó: "En el *Libro de los Documentos* se dice: 'Dedica la piedad filial a tus padres y sé fraternal con tus hermanos, con esto podrás influir en la política.' Eso también es servir; ¿acaso sólo ocupar algún puesto público en el gobierno es intervenir en la política?"

四 |

孟懿子问孝。子曰:"无违。"

樊迟御,子告之曰:"孟孙问孝于我,我对曰:'无违。'"樊迟曰:"何谓也?"子曰:"生,事之以礼;死,葬之以礼,祭之以礼。"

4

El señor Meng Yi preguntó por la piedad filial. El Maestro respondió: "No infringir nunca los ritos."

Más tarde, mientras Fan Chi lo llevaba en carro, el Maestro le dijo: "Meng Yi me ha preguntado en qué consistía la piedad filial y yo le he contestado: 'No infringir nunca los ritos'." Fan Chi preguntó: "¿Y eso qué significa?" El Maestro respondió: "Mientras los padres sigan en vida, sírvelos según los ritos. Cuando mueran, hay que enterrarlos según los ritos y dedicarles ofrendas también según los ritos."

五|

孟武伯问孝。子曰："父母唯其疾之忧。"

子游问孝。子曰："今之孝者，是谓能养。至于犬马，皆能有养。不敬，何以别乎？"

六|

子夏问孝。子曰："色难。有事，弟子服其劳；有酒食，先生馔，曾是以为孝乎？"

5

El señor Meng Wu preguntó en qué consistía la piedad filial. El Maestro contestó: "No des a tus padres más causa de preocupación que tu salud."

Ziyou preguntó acerca de la piedad filial. El Maestro respondió: "La piedad filial de hoy en día consiste en mantener a los padres. Pero hasta los perros y caballos reciben sustento. Si aparte de darles sustento no se los venera, ¿qué diferencia hay entre el hombre y estos animales?"

6

Zixia preguntó sobre la piedad filial. El Maestro contestó: "Lo más difícil es mantenerse siempre agradable frente a los padres. ¿Acaso se puede considerar piedad filial que los jóvenes se limiten a asumir las faenas de la casa o a servirles primero a sus mayores el vino y la comida?"

七 |

子曰："事父母几谏, 见志不从, 又敬不违, 劳而不怨。"

子曰："父母在, 不远游, 游必有方。"

子曰："三年无改于父之道, 可谓孝矣。"

子曰："父母之年, 不可不知也。一则以喜, 一则以惧。"

7

El Maestro dijo: "Al servir a los padres, si ves que hacen algo incorrecto, debes disuadirlos con moderación. Si no aceptan tu opinión, tienes que respetarlos y no contrariarlos. Por muy afligido que estés, no debes guardarles rencor."

El Maestro dijo: "Mientras vivan los padres, no viajes a lugares lejanos. Si tienes que hacerlo, ha de ser un destino determinado."

El Maestro dijo: "Si en tres años el hijo no se aparta de la voluntad de su padre, se puede considerer que cultiva la piedad filial."

El Maestro dijo: "Entre la alegría por lo que han vivido y la inquietud por que pronto perecerán; la edad de los padres no se puede ignorar."

八丨

子曰："孝哉闵子骞！人不间于其父母、昆弟之言。"

九丨

叶公语孔子曰："吾党有直躬者，其父攘羊，而子证之。"孔子曰："吾党之直者异于是：父为子隐，子为父隐。直在其中矣。"

8

El Maestro dijo: "¡Qué piedad filial, la de Min Ziqian! Nadie pone en duda las alabanzas de sus padres y hermanos por su conducta."

9

El gobernador Ye le contó a Confucio: "En mi tierra hay un hombre muy recto. Su padre robó un carnero y él lo denunció." Confucio comentó: "En mi tierra, la gente recta se porta de otra manera: el padre encubre al hijo y el hijo oculta lo que hace el padre. Justamente en ello reside la rectitud."

十一

曾子曰："吾闻诸夫子：孟庄子之孝也，其他可能也。其不改父之臣与父之政，是难能也。"

:
▲

10

El maestro Zeng dijo: "He oído hablar de esto a Confucio: 'Uno puede seguir el ejemplo de Meng Zhuang respecto a la piedad filial en muchos aspectos, pero es muy difícil igualarlo en mantener intactos a los subordinados de su padre muerto y seguir el mismo sistema político de éste'."

一

子曰："视其所以，观其所由，察其所安。人焉廋哉？人焉廋哉？"

二

子游曰："事君数，斯辱矣；朋友数，斯疏矣。"

1

El Maestro dijo: "Observa cómo actúa un hombre, observa sus motivaciones y averigua lo que le proporciona bienestar. Entonces, ¿qué puede ocultar el hombre? ¿qué puede ocultar el hombre?"

2

Zi You dijo: "Al servicio del soberano, los reproches atraen la desgracia. En las relaciones de amistades, éstos provocan el distanciamiento."

三｜

子曰："晏平仲善与人交，久而敬之。"

子曰："巧言、令色、足恭，左丘明耻之，丘亦耻之。匿怨而友其人，左丘明耻之，丘亦耻之。"

四｜

子曰："三人行，必有我师焉，择其善者而从之，其不善者而改之。"

3

El Maestro dijo: "Yan Pingzhong se relacionaba bien con los demás. Cuanto más tiempo transcurría, más respeto se le tenía."

El Maestro dijo: "Las palabras hábiles, la apariencia afable y la deferencia servil eran cosas que Zuo Qiuming consideraba deshonrosas, y yo también las considero así. Ocultar el resentimiento y aparentar amistad era algo que Zuo Qiuming consideraba deshonroso, y a mí también me lo parece."

4

El Maestro dijo: "Si andamos tres juntos, seguro que hay alguien que puede enseñarme algo. Aprendo sus buenas virtudes e intento evitar sus defectos."

五丨

子曰："可与共学，未可与适道；可与适道，未可与立；可与立，未可与权。"

六丨

朋友死，无所归，曰："于我殡。"

朋友之馈，虽车马，非祭肉，不拜。

5

El Maestro dijo: "Hay personas con las que se puede estudiar juntos, pero no se puede compartir la andadura del Camino. Hay personas con las que se puede compartir la misma andadura del Camino, pero no permanecer firme en el Camino, éstos no sabrán adaptarse a las circunstancias cambiantes."

6

Cuando un amigo murió y no había nadie que se ocupara de los asuntos funerales, Confucio dijo: "Yo me encargaré del entierro."

Cuando los amigos le regalaban algo, aunque se tratara de un carro y caballos, no hacía reverencia de ceremonia, excepto que el presente fuese carne para las ofrendas.

七|

子贡问友。子曰："忠告而善道之，不可则止，毋自辱焉。"

曾子曰："君子以文会友，以友辅仁。"

7

Zigong preguntó cómo tratar a los amigos. El Maestro dijo: "Hay que darles consejos sinceros y buena guía. Si no los aceptan, detiene y evita la deshonra."

El Maestro Zeng dijo: "Un Caballero reúne a los amigos por su ilustración y perfecciona su humanidad gracias a ellos."

八|

子曰："躬自厚而薄责于人，则远怨矣。"

子曰："群居终日，言不及义，好行小慧，难矣哉！"

子曰："君子矜而不争，群而不党。"

子曰："道不同，不相为谋。"

8

El Maestro dijo: "Si uno es exigente consigo mismo y generoso con los demás, se le alejarán los odios."

El Maestro dijo: "¡Es muy difícil enseñar a los que siempre están luciendo una inteligencia mezquina cuando se reúnen!"

El Maestro dijo: "El Caballero es solemne pero no se disputa con nadie, es sociable pero no partidista."

El Maestro dijo: "Los que tienen diferentes opiniones no se consultan para los proyectos comunes."

九 |

孔子曰："益者三友，损者三友。友直，友谅，友多闻，益矣。友便辟，友善柔，友便佞，损矣。"

十 |

孔子曰："见善如不及，见不善如探汤。吾见其人矣，吾闻其语矣。隐居以求其志，行义以达其道。吾闻其语矣，未见其人也。"

9

El Maestro dijo: "Hay tres tipos de amigos beneficiosos y tres tipos perjudiciales. Son beneficiosos los amigos rectos, honestos y sabios; y son perjudiciales los amigos aduladores, falsos e hipócritas."

10

El Maestro dijo: "He visto este tipo de hombres y he oído estos consejos: perseguir anhelosamente el bien como si fuese algo inalcanzable y apartarse del mal como si fuese agua hirviente. He oído estos consejos, pero no he visto a nadie que los pueda llevar a cabo: vivir retirado para preservar sus voluntades y practicar la justicia para ampliar la Virtud."

一

子夏曰："贤贤易色；事父母，能竭其力；事君，能致其身；与朋友交，言而有信。虽曰未学，吾必谓之学矣。"

二

子曰："放于利而行，多怨。"

子曰："君子欲讷于言，而敏于行。"

1

Zixia dijo: "Un hombre que aprecia a su esposa más por la virtud que por la belleza, que no escatima esfuerzos para servir con devoción a sus padres, que está dispuesto a sacrificar la vida por su señor, y que en el trato con sus amigos siempre cumple sus palabras, aunque se diga que no tiene educación, yo habré de decir que sí la tiene."

2

El Maestro dijo: "Quien actúe sólo por su propio beneficio, provocará mucho resentimiento."

El Maestro dijo: "Un caballero debe ser discreto en palabras y diligente en actos."

三 |

季文子三思而后行。子闻之，曰："再，斯可矣。"

宰予昼寝。子曰："朽木不可雕也，粪土之墙不可杇也；于予与何诛？"

子曰："始吾于人也，听其言而信其行；今吾于人也，听其言而观其行。于予与改是。"

3

Antes de actuar, el señor Ji Wen siempre reflexionaba tres veces. Al enterarse de eso, el Maestro dijo: "Bastaría con dos veces."

Zai Yu dormía en pleno día. El Maestro comentó: "No se puede tallar en madera podrida, ni pintar los muros hechos con porquería. ¿Debería regañar a Yu?"

El Maestro dijo: "Al principio, mi actitud con los demás era escuchar sus palabras y creer en sus actos, pero ahora escucho sus palabras y luego observo sus actos. Yu es quien me ha hecho cambiar."

四|

仲弓问子桑伯子。子曰:"可也简。"

仲弓曰:"居敬而行简,以临其民,不亦可乎? 居简而行简, 无乃大简乎?"子曰:"雍之言然。"

4

Zhong Gong preguntó acerca de Zisang Bozi. El Maestro dijo: "Es capaz por su sencillez."

Zhong Gong dijo: "Ser digno y serio en el fondo, pero sencillo en el proceder para gobernar al pueblo, ¿puede ser? Pero si se es sencillo en el fondo y simple en el proceder, ¿no es demasiado incompetente?" El Maestro contestó: "Es cierto."

五|

子曰："盖有不知而作之者，我无是也。多闻，择其善者而从之；多见而识之；知之次也。"

子曰："文莫吾犹人也。躬行君子，则吾未之有得。"

子曰："君子坦荡荡，小人长戚戚。"

5

El Maestro dijo: "Quizás haya personas que actúen sin conocimientos, pero yo no soy de ésas. Escucho con mucha atención para poder elegir lo mejor y aceptarlo; observo mucho y lo memorizo todo. Esta es la segunda categoría en la sabiduría."

El Maestro dijo: "En cuanto a la ilustración, quizás sea como los demás. Pero en cuanto a comportarme como un Caballero, todavía no lo he conseguido."

El Maestro dijo: "El Caballero es sereno y el villano está lleno de angustias."

六|

子曰："其身正，不令而行；其身不正，虽令不从。"

子曰："苟正其身矣，于从政乎何有？不能正其身，如正人何？"

6

El Maestro dijo: "Si el soberano es recto, todo marcha por sí solo, sin necesidad de órdenes. Si el soberano no es recto, por mucho que mande, no le obedecerá nadie."

El Maestro dijo: "Si el hombre tiene un comportamiento correcto, ¿qué dificultad tendría para gobernar? Si él mismo carece de un conducta recta, ¿se puede enderezar a los demás?"

七｜

子贡问曰："何如斯可谓之士矣？"子曰："行己有耻，使于四方，不辱君命，可谓士矣。"

曰："敢问其次。"曰："宗族称孝焉，乡党称弟焉。"

曰："敢问其次。"曰："言必信，行必果，硁硁然小人哉！抑亦可以为次矣。"

7

Zigong preguntó: "¿Qué hay que hacer para merecer ser nombrado Caballero Verdadero?" El Maestro respondió: "Puede considerarse como tal quien actúa con sentido del honor y quien nunca falla en el cumplimiento del mandato del soberano cuando es enviado a una misión a los cuatro confines."

"¿Puedo preguntar cómo es el Caballero de una categoría inferior?" "Puede considerarse como tal quien sea alabado en su clan por su piedad filial y elogiado en su pueblo por su fraternidad."

"¿Puedo preguntar cómo es el Caballero de una categoría todavía más inferior?" "Sus palabras siempre han de ser fidedignas, y sus actos, fructíferos. Puede que esa sea la obstinación de un villano, no obstante, podríamos considerarlos como Caballeros de categoría inferior."

子曰："不得中行而与之，必也狂狷乎！狂者进取，狷者有所不为也。"

El Maestro dijo: "A falta de poder relacionarme con quien se mantiene en el justo medio, he de relacionarme al menos con el impetuoso y el escrupuloso: el impetuoso avanzará hacia adelante y el escrupuloso no hará nada que no deba."

八|

　　子张问行。子曰："言忠信，行笃敬，虽蛮貊之邦行矣。言不忠信，行不笃敬，虽州里行乎哉？立则见其参于前也，在舆则见其倚于衡也，夫然后行。"子张书诸绅。

　　子贡问曰："有一言而可以终身行之者乎？"子曰："其恕乎！己所不欲，勿施于人。"

8

Zizhang preguntó cómo debía comportarse para ser aceptado en diferentes partes. El Maestro contestó: "Con palabras leales y sinceras, actuaciones consecuentes y respetuosas podrás ser aceptado incluso en el extranjero. Si no, podrás ser rechazado incluso en tu pueblo natal. Toma esto como máximas, así que podrás ser aceptado por todos." Zizhang las escribió en su banda ceremonial.

Zigong preguntó: "¿Hay alguna máxima para toda la vida?" El Maestro respondió: "Sería la 'tolerancia': no hagas a los demás lo que no deseas tú recibir."

九丨

子曰："由也！女闻六言六蔽矣乎？"对曰："未也。"

"居！吾语女：好仁不好学，其蔽也愚；好知不好学，其蔽也荡；好信不好学，其蔽也贼；好直不好学，其蔽也绞；好勇不好学，其蔽也乱；好刚不好学，其蔽也狂。"

子曰："小子何莫学夫诗？诗，可以兴，可以观，可以群，可以怨。迩之事父，远之事君，多识于鸟兽草木之名。"

9

El Maestro dijo: "Zilu, ¿Has oído hablar que las seis cualidades positivas pueden causar seis consecuencias negativas?" Zilu contestó: "No."

"Siéntate y te lo explico. La Virtud que no está basada en el estudio degenerará en necedad, la inteligencia que no está basada en el estudio se volverá frívola. Del mismo modo, la honestidad degenerará en perjuicio, la rectitud causará insolencia, la valentía caerá en el defecto de rebeldía y la firmeza degenerará en soberbia."

El Maestro dijo: "Alumnos míos, ¿por qué ninguno de vosotros estudia *El Libro de Las Odas*? La poesía os dará imaginación, perspicacia, sociabilidad y disconformidad. En la vida cotidiana puede ayudaros a servir a vuestros padres, y en el futuro, os enseñará cómo servir a los soberanos. Además en los poemas podéis aprender muchos nombres de aves, cuadrúpedos, arbustos y árboles."

十|

子曰："不降其志，不辱其身，伯夷、叔齐与！"谓"柳下惠、少连，降志辱身矣，言中伦，行中虑，其斯而已矣"。

10

El Maestro dijo: "Boyi y Shuqi no aflojaron la voluntad ni se humillaron en su dignidad. Liuxia Hui y Shaolian, aunque aflojaron la firmeza de su voluntad y humillaron su dignidad, sus palabras fueron racionales y sus actos fueron bien considerados.

一 |

子曰:"君子不器。"

子贡问君子。子曰:"先行其言而后从之。"

子曰:"君子周而不比,小人比而不周。"

1

El Maestro dijo: "Un Caballero no es un recipiente, debe ser polivalente."

Zigong preguntó acerca de ser Caballero. El Maestro contestó: "Es el que lleva a la práctica lo que intenta decir y luego habla."

El Maestro dijo: "El Caballero es universal y no parcial; el villano es parcial y no universal."

二 |

子曰："质胜文则野，文胜质则史。文质彬彬，然后君子。"

子曰："君子博学于文，约之以礼，亦可以弗畔矣夫！"

2

El Maestro dijo: "Cuando la esencia natural supera la literatura, se produce zafiedad; cuando la literatura supera la esencia natural, se produce pedantería. Sólo cuando la esencia natural y la literatura se encuentran en equilibrio, se hace al Caballero."

El Maestro dijo: "El Caballero amplía su conocimiento con la ilustración y se controla con los ritos, así no se desvía del Camino."

三 |

棘子成曰："君子质而已矣，何以文为？"子贡曰："惜乎！夫子之说君子也，驷不及舌。文犹质也，质犹文也。虎豹之鞟，犹犬羊之鞟。"

子曰："君子成人之美，不成人之恶。小人反是。"

3

Ji Zicheng dijo: "Aquél que es Caballero lo es por esencia, ¿para qué el adorno de la ilustración?" Zigong respondió: "Lamento que habléis así de ser Caballero, señor. Lo que ha dicho no lo podrá retirar nunca. La ilustración cuenta tanto como la esencia. Despojado de su pelaje, el cuero raso del tigre o del leopardo no se diferencia mucho de él del perro o de la oveja."

El Maestro dijo: "Un Caballero perfecciona las bondades de los demás, no sus vicios. Un villano hace lo contrario."

四 |

　　司马牛问君子。子曰："君子不忧不惧。"

　　曰："不忧不惧，斯谓之君子已乎？"子曰："内省不疚，夫何忧何惧？"

　　司马牛忧曰："人皆有兄弟，我独无。"子夏曰："商闻之矣：死生有命，富贵在天。君子敬而无失，与人恭而有礼，四海之内皆兄弟也，君子何患乎无兄弟也？"

4

Sima Niú preguntó qué era ser un Caballero. El Maestro respondió: "Un Caballero no tiene preocupaciones ni temores."

Sima Niú preguntó: "Tan sólo en eso consiste ser un Caballero?" El Maestro respondió: "Si en su introspección no encuentra motivo de pesar, ¿qué preocupaciones y temores podría tener?"

Sima Niú se lamentó: "Todo el mundo tiene hermanos, salvo yo." Zixia comentó: "Dicen que vida y muerte obedecen a la suerte, riqueza y honores dependen del Cielo. Si el Caballero es deferente y cortés con el prójimo, en este mundo, todos serán hermanos. ¿Ha de preocuparse un Caballero por no tener hermanos?"

五|

子路问君子。子曰："修己以敬。"

曰："如斯而已乎？"曰："修己以安人。"

曰："如斯而已乎？"曰："修己以安百姓。修己以安百姓，尧、舜其犹病诸！"

5

Zilu preguntó cómo se podría llegar a ser un Caballero. El Maestro dijo: "Con perfeccionarse uno a sí mismo y ser diligente."

Zilu insistió: "¿Eso es todo?" El Maestro respondió: "Uno se perfecciona a sí mismo dando paz a sus hombres."

Zilu volvió a preguntar: "¿Eso es todo?" El Maestro dijo: "Uno se perfecciona a sí mismo dando paz al pueblo. Pero a lo mejor ni Yao ni Shun pudieron alcanzar esta altura."

六|

子曰："君子义以为质，礼以行之，孙以出之，信以成之。君子哉！"

子曰："君子病无能焉，不病人之不己知也。"

子曰："君子疾没世而名不称焉。"

子曰："君子求诸己，小人求诸人。"

子曰："君子矜而不争，群而不党。"

6

El Maestro dijo: "El Caballero toma la justicia como esencia, la aplica por cortesía, la declara con modestia y la lleva a cabo con honestidad. ¡Así es un Caballero!"

El Maestro dijo: "El Caballero sufre por su incapacidad, no porque los demás lo ignoren."

El Maestro dijo: "Al Caballero le dará pena morir sin haber alcanzado buena fama."

El Maestro dijo: "El Caballero se exige a sí mismo y el hombre vulgar exige a los demás."

El Maestro dijo: "El Caballero es solemne pero no se disputa con nadie, es sociable pero no partidista."

子曰："君子不以言举人，不以人废言。"

子曰："君子谋道不谋食。耕也，馁在其中矣；学也，禄在其中矣。君子忧道不忧贫。"

子曰："君子不可小知，而可大受也；小人不可大受，而可小知也。"

子曰："君子贞而不谅。"

El Maestro dijo: "El Caballero no promoverá a nadie sólo por sus palabras, ni negará las palabras racionales dichas por un hombre despreciable."

El Maestro dijo: "El Caballero se dedica a estudiar, no a sustentar la vida. Uno puede sufrir hambre aunque trabaje la tierra, pero el que estudia ganará buen sueldo en la Carrera. El Caballero se preocupa por la falta de conocimientos, no por la pobreza."

El Maestro dijo: "A un Caballero no podemos probarle mediante pequeñas tareas, pero sí podemos encargarle grandes responsabilidades. A un hombre vulgar no le podemos confiar grandes asuntos, pero sí podemos comprobar su habilidad en las cosas insignificantes."

El Maestro dijo: "El Caballero es constante en grandes responsabilidades, al mismo tiempo, es flexible en los detalles."

七

孔子曰："君子有三戒：少之时，血气未定，戒之在色；及其壮也，血气方刚，戒之在斗；及其老也，血气既衰，戒之在得。"

孔子曰："君子有三畏：畏天命，畏大人，畏圣人之言。小人不知天命而不畏也，狎大人，侮圣人之言。"

7

El Maestro dijo: "El Caballero tiene tres abstenciones: en su juventud, cuando la personalidad todavía no está formada, tiene que abstenerse de la lujuria; al llegar a la madurez, cuando la energía vital se ha fortalecido plenamente, tiene que alejarse de la pugnacidad; al llegar a la vejez, cuando la energía vital decae, tiene que abandonar la codicia."

El Maestro dijo: "El Caballero respeta tres cosas: el Mandato del Cielo, los grandes hombres y las palabras de los virtuosos. El villano no conoce el Mandato del Cielo y por eso no lo respeta, desprecia a los grandes hombres y se burla de las palabras de los virtuosos."

八

孔子曰："君子有九思：视思明，听思聪，色思温，貌思恭，言思忠，事思敬，疑思问，忿思难，见得思义。"

九

子夏曰："虽小道，必有可观者焉；致远恐泥，是以君子不为也。"

子夏曰："百工居肆以成其事，君子学以致其道。"

8

El Maestro dijo: "El Caballero tiene nueve consideraciones: cuando mira, intenta ver la esencia; cuando escucha, procura oír con claridad; en su expresión, muestra la amabilidad; en su actitud, persigue la mesura; en sus palabras, procura la lealtad; en su trabajo, lo hace con diligencia; frente a dudas, trata de indagar en los demás; al punto de enfadarse, piensa en las consecuencias; ante los beneficios, considera si lo merece o no."

9

Zixia dijo: "Algunos trabajos comunes, aunque sean insignificantes, tienen sus méritos. Sin embargo, pueden estorbar el cumplimiento de grandes ideales, así que el Caballero no se dedica a ellos."

Zixia dijo: "Los artesanos practican sus oficios en sus talleres, mientras que los Caballeros alcanzan la Virtud por medio del estudio."

十

子夏曰："君子有三变：望之俨然，即之也温，听其言也厉。"

子夏曰："君子信而后劳其民；未信，则以为厉己也。信而后谏；未信，则以为谤己也。"

子贡曰："君子之过也，如日月之食焉：过也，人皆见之；更也，人皆仰之。"

10

Zixia dijo: "El Caballero tiene tres impresiones variadas: parece augusto si se le observa de lejos; es amable si se le ve de cerca; y sus palabras son severas y certeras."

Zixia dijo: "El Caballero manda a la gente solo después de ganar su confianza; en caso contrario, ésta pensará que está siendo oprimida. Pasa lo mismo cuando el Caballero aconseja al soberano; si éste no le tiene confianza, puede sentirse calumniado."

Zigong dijo: "Son como eclipses del Sol y de la Luna los errores cometidos por un Caballero y todo el mundo los puede ver. Una vez los han corregido, pasan a ser admirados."

一|

子曰："为政以德，譬如北辰，居其所
而众星共之。"

1

El Maestro dijo: "Quien gobierna por su virtud es como la Estrella Polar, que permanece fija en su sitio mientras los demás astros giran a su alrededor."

二 |

子贡问政。子曰："足食，足兵，民信之矣。"

子贡曰："必不得已而去，于斯三者何先？"曰："去兵。"

子贡曰："必不得已而去，于斯二者何先？"曰："去食。自古皆有死，民无信不立。"

2

Zigong preguntó cómo llevar a cabo una buena gestión de los asuntos políticos. El Maestro comentó: "Disponiendo de abundante alimento, de suficiente armamento y de la confianza del pueblo."

Zigong prosiguió: "Si no quedara más remedio que renunciar a una de estas tres cosas, ¿cuál sería?" El Maestro dijo: "Del armamento."

Zigong insisitió: "De las dos cosas restantes, si tuvierais que prescindir de una, ¿cuál sería?" El Maestro dijo: "Del alimento. Desde siempre, todo el mundo ha de morir. Pero sin la confianza del pueblo, ningún gobierno podría mantenerse en pie."

齐景公问政于孔子。孔子对曰："君君，臣臣，父父，子子。"公曰："善哉！信如君不君，臣不臣，父不父，子不子，虽有粟，吾得而食诸？"

子张问政。子曰："居之无倦，行之以忠。"

季康子问政于孔子。孔子对曰："政者，正也。子帅以正，孰敢不正？"

El duque Jing de Qi preguntó a Confucio acerca del gobierno. El Maestro respondió: "Que el soberano actúe como soberano, el ministro como ministro, el padre como padre y el hijo como hijo." El duque exclamó: "¡Magnífico! Si el soberano ha dejado de ser soberano; el ministro, ministro; el padre, padre y el hijo, hijo; por abundantes que fueran los cereales, ¿llegaría yo a disfrutarlos?"

Zizhang preguntó acerca de los asuntos políticos. El Maestro dijo: "Para eso hay que cumplir las funciones del cargo sin fatiga y actuar con total lealtad."

El señor Ji Kang preguntó a Confucio acerca del gobierno. El Maestro le respondió: "Para gobernar hay que ser justo. Si eres recto, ¿quién se atreverá a no serlo?"

　　季康子问政于孔子曰："如杀无道，以就有道，何如？"

　　孔子对曰："子为政，焉用杀？子欲善而民善矣。君子之德风，小人之德草。草上之风，必偃。"

El señor Ji Kang pidió consejos al Maestro sobre el gobierno, diciendo: "¿Qué os parecería si matara a los malvados para beneficiar a los honrados?"

El Maestro respondió: "Para gobernar, ¿de qué os serviría matar? Si deseáis implantar la bondad, el pueblo será bondadoso. La virtud del soberano es como el viento y la virtud del pueblo es como la hierba. Cuando el viento sopla sobre la hierba, la doblega."

三 |

子路问政。子曰："先之劳之。"请益。曰："无倦。"

仲弓为季氏宰，问政。子曰："先有司，赦小过，举贤才。"曰："焉知贤才而举之？"曰："举尔所知。尔所不知，人其舍诸？"

3

Zilu preguntó sobre cómo llevar las gestiones políticas. El Maestro respondió: "Dad primero buen ejemplo y después imponed obligaciones." Zilu le pidió más explicaciones, El Maestro dijo: "Haced lo todo sin fatiga."

Zhonggong, que era entonces administrador de la casa Ji, preguntó acerca del gobierno. El Maestro dijo: "Da buen ejemplo a tus subalternos, perdona los errores sin importancia y promueve a la gente de talento." Zhonggong prosiguió: "Cómo podría reconocer a la gente con talento para promoverla?" El Maestro respondió: "Promueve solo a los que conozcas bien. A los que no conozcas, ¿crees que otros los dejaran en la oscuridad?"

四 |

子路曰："卫君待子而为政,子将奚先?"

子曰："必也正名乎!"

子路曰："有是哉,子之迂也!奚其正?"

4

Zilu preguntó: "Si el soberano de Wei os pidiera que os hicierais cargo del gobierno, ¿qué es lo primero que haríais?"

El Maestro respondió: "¡Lo que haría seguro es rectificar los nombres!"

Zilu replicó: "¿De verdad? Maestro, ¿acaso vais a hacer tal descomunal despropósito? ¿Para qué rectificarlos?"

子曰："野哉由也！君子于其所不知，盖阙如也。名不正，则言不顺；言不顺，则事不成；事不成，则礼乐不兴；礼乐不兴，则刑罚不中；刑罚不中，则民无所措手足。故君子名之必可言也，言之必可行也。君子于其言，无所苟而已矣。"

El Maestro dijo: "¡Qué burdo eres, You! Cuando desconoce algo, el Caballero tiene que ser prudente y reservado. Si los nombres no son correctos, las palabras no se ajustarán a lo que representan. La incoherencia discursiva conduce al fracaso de la empresa. La frustración de la causa impedirá la prosperidad de los sistemas rituales y de la música, que a su vez, afectará al acierto de penas y castigos. Si las penas y los castigos son desacertados, el pueblo no sabrá a qué atenerse. En consecuencia, las palabras que utilice el Caballero, deben ser lógicas. No debe decir más de lo que es capaz de llevar a cabo. Por lo tanto, el Caballero debe cuidar escrupulosamente la corrección de sus palabras."

五｜

樊迟请学稼。子曰："吾不如老农。"

请学为圃。曰："吾不如老圃。"

樊迟出。子曰："小人哉，樊须也！上好礼，则民莫敢不敬；上好义，则民莫敢不服；上好信，则民莫敢不用情。夫如是，则四方之民，襁负其子而至矣，焉用稼？"

5

Fan Chi pidió al Maestro que le enseñara sobre la agricultura. El Maestro dijo: "Más te valdría un viejo campesino."

Entonces Fan Chi le rogó que le enseñara sobre horticultura. El Maestro respondió: "Más te valdría un viejo jardinero."

Cuando Fan Chi salió, el Maestro comentó: "¡Qué hombre villano es Fan Chi! Cuando los gobernantes fomenten los ritos, el pueblo no se atreverá a ser irrespetuoso; cuando postulen por la justicia, el pueblo no osará desobedecer; cuando cultive la sinceridad, el pueblo no se atreverá a ser deshonesto. Siendo así el soberano, la gente acudirá desde los cuatro confines con sus hijos cargados en las espaldas. ¿Para qué quiere aprender sobre agricultura?"

　　子适卫，冉有仆。子曰："庶矣哉！"
冉有曰："既庶矣，又何加焉？"曰：
"富之。"曰："既富矣，又何加焉？"
曰："教之。"

El Maestro viajaba a Wei en un carro que conducía Ran You. El Maestro dijo: "¡Qué cantidad de gente!" Ran You dijo: "Ya que son tantos, ¿qué debería hacer por ellos?" El Maestro dijo: "Enriquecerlos." Ran You dijo: "Cuando ya tengan riqueza en la vida, ¿qué quedará por hacer?" El Maestro dijo: "Educarlos."

六|

定公问："一言而可以兴邦，有诸？"

孔子对曰："言不可以若是，其几也。人之言曰：'为君难，为臣不易。'如知为君之难也，不几乎一言而兴邦乎？"

曰："一言而丧邦，有诸？"孔子对曰："言不可以若是，其几也。人之言曰：'予无乐乎为君，唯其言而莫予违也。'如其善而莫之违也，不亦善乎？如不善而莫之违也，不几乎一言而丧邦乎？"

6

El duque Ding preguntó: "¿Existe alguna frase capaz de hacer prosperar un ducado?"

El Maestro respondió: "Una frase no puede tener semejante poder. Pero se dice: 'Es difícil ser soberano, pero tampoco es fácil ser vasallo'. Si con eso el soberano se percata de la dificultad de gobernar, y lo hace con diligencia, ¿no equivale a hacer prosperar un ducado con una frase?"

El duque Ding prosiguió: "¿Existe alguna frase capaz de arruinar un país?" El Maestro repondió: "Una frase no puede tener semejante poder. Pero hay un proverbio que reza: 'El soberano no tiene más placer que el de que nadie me contradiga.' Si lo que dice el soberano es correcto y no hay nadie que lo contradiga, ¿acaso no es esto perfecto? Pero si lo que dice el soberano es errado y no hay nadie que se lo oponga, ¿no equivale a arruinar un ducado con una frase?"

七|

子夏为莒父宰，问政。子曰："无欲速，无见小利。欲速，则不达；见小利，则大事不成。"

八|

子曰："无为而治者，其舜也与？夫何为哉？恭己正南面而已矣。"

7

Siendo Zixia gobernador de Jufu, preguntó a Confucio sobre cómo gobernar. El Maestro le dijo: "No intentes acelerar las cosas, ni te fijes en los pequeños logros. Si precipitas las cosas, no las alcanzarás; si solo persigues los pequeños beneficios, fracasarás en las grandes empresas."

8

El Maestro dijo: "Probablemente el único emperador que pudo gobernar toda la nación con gran éxito sin actuar contra el orden natural, fue Shun, el cual se limitaba a sentarse serio en el trono mirando al sur."

九一

　　颜渊问为邦。子曰："行夏之时，乘殷之辂，服周之冕，乐则《韶》《舞》。放郑声，远佞人。郑声淫，佞人殆。"

9

Yan Yuan preguntó a Confucio cómo gobernar un país. El Maestro le contestó: "Utilizando el calendario de Xia, viajando en el carruaje de Yin, poniéndose el sombrero de Zhou y ejecutando el Himno Shao y Wu, pero proscribiendo la música de Zheng porque es pomposa y apartándose de los aduladores que son peligrosos."

十一

子张问于孔子曰："何如斯可以从政矣?"

子曰："尊五美,屏四恶,斯可以从政矣。"

子张曰："何谓五美?"

子曰："君子惠而不费,劳而不怨,欲而不贪,泰而不骄,威而不猛。"

10

Zizhang preguntó a Confucio: "¿Cómo gobernar un país?"

El Maestro dijo: "Priorizar las cinco virtudes y quitar los cuatro males."

Zizhang preguntó: "¿Cuáles son las cinco virtudes?"

El Maestro contestó: "El Caballero beneficia al pueblo sin gasto; lo hace trabajar sin provocar disgusto; no anhela la riqueza sino la Virtud y justicia; no es arrogante sino que aplica la igualdad entre todos, es imponente pero no feroz."

子张曰："何谓惠而不费？"

子曰："因民之所利而利之，斯不亦惠而不费乎？择可劳而劳之，又谁怨？欲仁而得仁，又焉贪？君子无众寡，无小大，无敢慢，斯不亦泰而不骄乎？君子正其衣冠，尊其瞻视，俨然人望而畏之，斯不亦威而不猛乎？"

子张曰："何谓四恶？"

子曰："不教而杀谓之虐，不戒视成谓之暴，慢令致期谓之贼，犹之与人也，出纳之吝，谓之有司。"

Zizhang dijo: "¿Cómo se puede beneficiar al pueblo sin gasto? "

El Maestro explicó: "Permitir a la gente hacer lo que le sea beneficioso sin usar el fondo del Estado. Y cuando imponen al pueblo trabajar deben hacerlo dándoles tiempo y de manera razonable, ¿quién se resentirá? Con la Virtud obtenida, ¿habría ambición de riqueza? El Caballero no se atreve a tratar con indiferencia a las poblaciones, sean grandes o pequeñas, poderosas o humildes. El Caballero se viste apropiadamente, tiene la mirada firme y majestuosa."

Zizhang preguntó: "¿Y cuáles son los cuatro males?"

El Maestro dijo: "Condenar a muerte a los delincuentes sin haberlos educado; exigir éxitos inmediatos sin haber dado órdenes previas; ser negligente al principio y de repente limitar el plazo de una tarea; ser mezquino cuando se da algo a los demás."